AF336432

# LETTRES

adressées

## A L'UNION RÉPUBLICAINE

PAR

## H. SOULIER

ancien Magistrat, docteur en Droit

ANDUZE

Imprimerie A. Castagnier

1881

# LETTRES

adressées

## A L'UNION RÉPUBLICAINE

PAR

## H. SOULIER

ancien Magistrat, docteur en Droit

9 octobre 1881

Monsieur le Rédacteur,

Les documents que vous publiez, sur les événements de décembre 1851, pourraient donner lieu de se méprendre sur mon rôle dans ces affaires, et vous trouverez naturel, j'en suis certain, que je recoure à votre feuille elle-même pour prévenir une erreur dont elle serait la cause involontaire.

Vous ne pourriez que regretter, en effet, d'avoir exposé à des commentaires fâcheux et inexacts :

Un galant homme dont la vie entière s'est passée à faire le bien, ainsi que le déclareraient tous ses concitoyens et que l'attestent dans sa ville natale les plus manifestes témoignages ;

Un républicain qui n'a cessé, depuis 1848, de défendre nos libertés, y sacrifiant toute sa carrière ; le promoteur à Anduze de la Ligue de l'enseignement, des conférences populaires ; l'un des rédacteurs officieux de *l'Indépendant du Midi*, de *la Liberté de l'Hérault*, du *Club ré-*

*publicain* d'Alais, du *Gard républicain,* qui, en un mot, a contribué de toutes ses forces, sous l'empire, au réveil de l'opinion, a toujours été, depuis 1870, au premier rang parmi les champions de la République, et peut encore être utile à notre cause.

Cette cause, il y a eu parmi nous deux manières de la servir.

L'une, ardente et généreuse sans doute, mais parfois inconsidérée selon moi, qui nous a valu bien des mécomptes et a fait bien des victimes. Je ne prétends pas juger, et blâmer moins encore. J'expose à mon point de vue. Nous différions par les méthodes, notre but était le même.

L'autre, plus calme, mais non moins énergique et résolue, à laquelle tout le parti républicain s'est rallié aujourd'hui, qui n'admet pas la violence tant qu'on a le droit de vote, qui n'a jamais attendu le triomphe que de la force des idées, et entendu le poursuivre que par les voies légales tant qu'elles sont restées ouvertes.

C'est celle-ci qui a fini par gagner à la République le pays tout entier, et c'est à elle que j'ai toujours invariablement appartenu.

J'étais de ceux qui relevèrent notre pavillon au lendemain de l'attentat de décembre, et qui, dès ce moment, sans défaillance, sans relâche, ont défendu pied à pied toutes nos libertés.

Et qu'on ne perde pas de vue que nous étions peu nombreux alors. La plupart avaient disparu dans la tourmente, et il ne fallut pas moins de six ans pour arriver aux fameux cinq, qui depuis, hélas!..., et nous n'étions encore que 1,500,000 à répondre *non* au plébiscite.

Magistrat sorti de la République de 1848, d'abord comme maire d'Anduze, et puis comme juge de paix, je compris que les imprudences d'une partie des nôtres, notamment ce qu'on appelait les manifestations, ne pouvaient, en alarmant le pays, que favoriser les desseins dont l'élection présidentielle avait été le significatif symptôme. J'employai tous mes efforts, toute mon influence, à en détourner mon canton, et crois avoir en cela loyalement travaillé pour notre cause, et plus utilement que par la route inverse.

L'événement m'ayant trouvé sur la brèche, je considérai comme un devoir d'y rester pour préserver le plus possible ceux qui avaient pris les armes, bien que j'eusse souvent été en dissentiment avec eux, et couvrir mon pays natal contre les préventions injustes dont il n'a cessé d'être l'objet depuis les Camisards ; préventions qui l'avaient poursuivi en 1815, qui se réveillent toujours plus violentes aux époques de réaction, et qui ne pouvaient que redoubler à l'avènement de l'empire.

C'était évidemment un rôle sacrifié. Je ne me suis jamais fait d'illusion à cet égard. Tant de gens ne voient que la surface. Mais j'étais seul en position de le remplir, et donner ma démission, plus commode pour moi sans doute, eut été me mettre hors d'état de venir en aide à mes concitoyens au moment où ils en avaient le plus besoin.

Je devais donc me dévouer, je l'ai fait, et j'ai la conscience de n'avoir jamais mieux mérité de ma cité et de ma cause.

Je n'ai pas pu sauver tout le monde. Il en était de trop manifestement engagés. Mais j'ai préservé tout ce qui a pu l'être, j'ai atténué le plus possible, et tous ceux de mes justiciables qui ont été mis à jour l'ont été ailleurs que dans mon canton, ou par d'autres que par moi.

Dans mon rapport général, je n'ai fait qu'énumérer les faits déjà acquis, portés à la connaissance de l'autorité par les agents qui les avaient portés à la mienne, et qu'il eut été ridicule de taire, puisque je n'aurais fait par là, sans dégager personne, que discréditer ma parole et la rendre inefficace pour d'autres. La seule chose qui m'y appartient en propre, c'est l'aspect sous lequel j'ai présenté l'événement, et je ne pense pas qu'il put y en avoir de plus vrai et de plus favorable.

Quant aux renseignements individuels, je ne les ai donnés que quand la demande m'en était faite, sur ceux que me désignait le parquet et qu'avait révélés l'instruction, et toujours aussi adoucis que le permettait la vérité. Je ne pouvais rester magistrat sans en remplir la charge. Veuillez remarquer d'ailleurs qu'il ne s'agissait alors que d'une information purement judiciaire, et que rien ne pouvait faire supposer que les prévenus fussent soustraits aux juridictions ordinaires et déférés à un tribunal exceptionnel.

Voilà la vérité toute entière, celle qui se voit et celle qui est dans l'ombre, et telle qu'elle ressortira, pour tout esprit impartial et sachant distinguer, de l'ensemble des pièces.

Et maintenant, la suite naturelle de tout ceci, c'est que j'ai donné ma démission. J'aime mieux m'effacer que devenir matière à débat et sujet de discorde dans le camp républicain.

Veuillez agréer, Monsieur le Rédacteur, l'expression de mes sentiments les plus distingués.

16 octobre 1881

Monsieur le Rédacteur,

Je vous remercie de l'exactitude que vous avez mise à insérer ma lettre.

Il est un point encore sur lequel le désir d'être aussi bref que possible ne m'a pas permis de m'étendre, et qui mérite cependant d'être nettement dégagé.

Je vais le faire aujourd'hui, à un point de vue tout impersonnel et comme question de principe.

Sous le régime du suffrage universel, quand un fonctionnaire (1) se trouve en présence d'un gouvernement qui n'est pas celui de son choix, son devoir envers le pays veut-il qu'il reste ou qu'il se retire ?

Ma réponse sera catégorique.

A mon avis il doit rester, tant que l'exercice régulier de sa charge ne lui demande rien de contraire à sa conscience.

Et cela par deux raisons :

La première, de maintenir ainsi dans la place un champion de ses idées, au lieu qu'en se retirant il a toute chance de la livrer à un adversaire.

La seconde, de marquer le point de partage qui existe, pour le serviteur d'un pays libre, entre ses prérogatives civiques et son devoir professionnel.

Je sais bien qu'on peut dire, non sans raison, que donner sa démission est un noble exemple de sacrifice à ses convictions, et que cet intérêt de morale publique doit l'emporter sur toute autre considération.

Mais n'est-il pas d'un bel exemple aussi, plus difficile peut-être par l'énergie continue qu'il exige, et d'une moralité supérieure encore, de démontrer, qu'une fois sa charge exactement remplie, le fonctionnaire ne doit rien au-delà, et que sa résistance, à tout ce qui porterait atteinte à sa foi politique, loin d'être une infidélité, est au contraire un devoir et un acte qui l'honore.

Le Gouvernement peut le briser sans doute, mais il doit se laisser briser, plutôt que de consacrer, par sa retraite volontaire, un principe attentatoire à nos droits et à nos libertés.

On a voulu poser en dogme, et cela se comprend pour le Gouvernement personnel, que tout fonctionnaire lui doit, même en politique, une obéissance passive. Et le parti républicain lui-même, entraîné par l'intérêt du moment et les préjugés que nous tenons encore de l'esprit monarchique, semble incliner vers cette idée.

---

(1) Surtout non politique.

Rien n'est plus faux et plus contraire au principe de la souveraineté nationale. On n'irait à rien moins ainsi qu'à constituer, au profit du Pouvoir, une véritable armée, et contre qui? contre le pays. Car, ou le Pouvoir ne veut que ce que veut la nation, et il n'a pas besoin alors d'une armée qui lui soit propre, ou il ne le veut pas, et cette armée ne serait plus destinée qu'à tenir en échec la volonté nationale.

Dans une démocratie, le fonctionnaire est le serviteur, non du Gouvernement, mais du pays, dont ce Gouvernement lui-même n'est que le premier serviteur. Il reste avant tout citoyen, et n'a à condescendre à rien de contraire à sa conscience politique, c'est-à-dire à ce qu'il croit l'intérêt public. Entre l'obéissance à un ordre illégitime et la fidélité au pays, il n'a pas à hésiter.

Le principe ainsi posé, en dehors de toute préoccupation personnelle, laissez-moi cependant m'en faire l'application.

Je suis resté magistrat tant que j'ai pu conserver intactes mes prérogatives civiques, professant hautement mes opinions, au vu de tout le monde, au su de mes supérieurs, comme un incontestable droit, auquel personne, je dois le dire, n'a jamais tenté de mettre obstacle. Le jour où ces immunités du citoyen m'ont paru atteintes par une mesure arbitraire, j'ai, en le signifiant au Ministre, fait l'acte qui m'était interdit, sous peine d'être considéré comme démissionnaire, et je fus, en effet, tenu pour tel.

Agréez, etc.

---

2ó octobre 1881

Monsieur le Rédacteur,

C'est seulement aujourd'hui que j'ai eu connaissance de la lettre que vous a adressée M. Gascuel.

Je n'ai pas à m'occuper de son ensemble; mais elle contient une insinuation que je dois relever, car, s'il a entendu la diriger contre moi, elle serait souverainement injuste. J'ai été pour lui, comme pour tous, aussi favorable que possible, tout est relatif en ce monde, et je n'ai pour l'établir qu'à l'opposer à lui-même.

Il m'écrivait, en effet, pour me remercier, à la date du 21 mars 1852.

Sa lettre que, par esprit de paix et de concorde républicaine, je ne veux pas citer toute entière, je ne le ferais que si j'y étais forcé, commençait par ces mots :

*Puisque vous avez la bonté de vous intéresser à un malheureux jeune homme, permettez-lui de vous remercier des conseils paternels que vous m'avez toujours donnés.*

Et se terminait par ceux-ci :

*Vous pouvez compter sur la plus grande reconnaissance de celui qui meurt torturé du remords de n'avoir pas écouté les premiers conseils que votre bonté a daigné lui accorder.*

Ces conseils je les lui avait donnés, non point dans les circonstances et dans les termes qu'il indique.

Mais étant maire d'Anduze, et lui faisant, dans mon cabinet, des représentations amicales et officieuses sur sa participation a des scènes tumultueuses qui, selon moi, compromettaient notre cause, je lui dis entre autres choses: Vous ne voyez pas, malheureux, que vous vous perdez et que vous perdez la République.

Il me le rappelait lui-même tout dernièrement, et c'est tellement vrai, que, dans la lettre que je viens de citer, il me disait encore :

*Il doit vous souvenir que je répondis : Il m'est impossible de renoncer aux manifestations.*

Et il en indiquait les motifs que je ne veux pas reproduire.

Ce qui ressort de là évidemment, c'est d'abord la bienveillance dont mes rapports avec lui ont toujours été empreints.

Il en ressortirait de plus, et vous m'en croirez sur parole, que pour s'adresser à un magistrat, au cours d'une instruction, dans les termes où il le faisait, il faut se croire bien sûr de l'élévation de son caractère et de la confiance que l'on peut mettre en lui.

Cette confiance a été justifiée.

Cette lettre n'a jamais été produite, et il ne faut rien moins que l'obligation qui m'en est faite aujourd'hui, pour me décider à en parler.

Agréez, etc.

―――――――

2 novembre 1881

MONSIEUR LE RÉDACTEUR,

L'inexactitude que j'ai dû relever est maintenant démontrée. Je me borne à le constater. On répond à des arguments. Il n'y a pas à répondre à des violences de langage que rien ne peut justifier.

M. Gascuel n'avait pas de dernier appel à me faire. Mon rôle à moi était terminé.

Il m'écrivait pour me remercier de mes bons offices passés. Il visait des faits accomplis. Je ne lui ai jamais fait l'injure de supposer qu'il put avoir un autre but.

Mais pour remettre ainsi, entre les mains d'autrui, votre honneur et la sécurité de ceux qui ont suivi la foi de votre serment, il faut être bien sûr que le dépôt sera loyalement gardé.

Il l'a été. M. Gascuel l'oublie aujourd'hui.

Le fait n'en reste pas moins.

Quant aux souffrances endurées par lui et les autres victimes de décembre, j'en ai gémi comme tout cœur généreux doit le faire. J'aurais voulu de toute mon âme pouvoir les leur épargner, et ai fait pour cela tout ce qui m'était possible. J'en rejette donc la responsabilité de la manière la plus absolue. Les documents publiés établissent évidemment que, si d'autres en ont leur part, il n'y en a point qui m'appartienne.

Mon premier rapport du 7 ne désignait personne.

Le 8, le Parquet s'en plaint, me disant que le canton d'Anduze serait le seul où nul ne pût être signalé. (1)

Ce fait, je l'explique, dans ma réponse de même date, par le motif que, le mouvement ayant été étouffé, il n'est pas resté de traces. (2)

A partir de ce moment, chaque jour apporte sa révélation.

Les uns ont été reconnus à Lézan. Les autres ont forcé des maires à leur livrer des armes ou arrêté le Sous-Préfet à Bagard. Tous ces faits sont de notoriété publique, constatés par témoins, portés à la connaissance de qui de droit par les agents qui m'en ont instruit moi-même. On me demande un rapport général, où je ne pouvais éviter de relater ce qui était alors connu de tout le monde.

---

(1)  LETTRE DU PARQUET D'ALAIS

Alais, 8 décembre 1851

MONSIEUR LE JUGE DE PAIX,

J'ai reçu le rapport que vous m'avez adressé à la date d'hier. J'ai vu avec peine combien il était incomplet. J'ai vainement cherché le signalement de quelques-uns des chefs du mouvement à Anduze, ou de ceux qui auraient fait partie du rassemblement qui s'était dirigé sur Nimes. Il n'est pas possible qu'aucun ne soit connu de vous. Ce serait le seul canton où l'on verrait un manque aussi absolu de renseignements et de données.

Veuillez donc me donner immédiatement les indications que je sollicite.

Le Procureur de la République,

Signé : E. BRUN DE VILLERET.

---

(2)  RÉPONSE

Anduze, 8 décembre 1851

Je m'empresse de répondre à votre lettre de ce jour.

Si à Anduze il y a, moins qu'ailleurs, des chefs connus, c'est que le mouvement y a été étouffé dans son germe, et qu'en l'absence de toute action apparente, les traces sont plus difficiles à saisir.

Dans le reste du canton, il n'y a eu que des adhérents subalternes. La direction était à Anduze, et là les fils échappent parce que l'exécution y a avorté.

Le Juge de Paix,

Signé : H. SOULIER

Je n'avais donc à ma disposition qu'un moyen d'atténuer la situation : En présenter l'ensemble sous le jour le plus favorable. C'est ce que j'ai fait en donnant la plus large part possible à la scène du 4, en faisant ressortir que, loin d'avoir un caractère séditieux, et c'était selon moi l'exacte vérité, elle n'était qu'une démonstration en faveur de la République et du suffrage universel, et étendant ainsi son reflet sur les faits qui avaient suivi. (1)

J'ai donc fait de mon mieux pour couvrir le plus possible ceux qui étaient engagés. Je n'ai mis à jour personne, j'ai pallié autant qu'il se pouvait, et, quand il m'a fallu céder pour ce qui était trop manifeste, je ne l'ai fait que comme on fait la part du feu, et pour mieux sauver le reste.

Agir autrement eût été me rendre impossible la mission de préservation générale que je m'étais assignée.

Si je me fusse retiré, je n'aurais pas sans doute à supporter des attaques injustes, mais j'ai la conscience que c'eût été au détriment de tous.

Ce sera mon dernier mot dans cette polémique, où je déplore que l'un de nos plus grands intérêts, le maintien de l'union et de la concorde parmi nous, soit ainsi sacrifié à une animosité aveugle contre un homme dont la fidé-

---

(1)                                                         Anduze, 24 décembre 1851

Monsieur le Procureur de la République,

J'ai l'honneur de vous adresser sur les événements qui ont eu lieu, dans le canton d'Anduze, le rapport général que me demande votre lettre du 18 de ce mois.

Le jeudi, 4 décembre, était jour de foire à Anduze. Un nombre considérable d'étrangers s'y étant rendu, non-seulement des communes du canton, mais aussi des cantons voisins, la ville présentait un aspect fort animé. Malgré cette affluence, et bien que les événements qui venaient de se produire à Paris occupassent tous les esprits, la tranquillité la plus parfaite ne cessa de régner jusqu'à 3 heures après-midi. A ce moment, l'administration municipale ayant fait afficher la proclamation du Président de la République, un attroupement considérable se forma devant l'Hôtel-de-Ville, dans l'intention de prendre connaissance d'une affiche qui y avait été apposée. Le nommé Gascuel, selon les uns, le nommé Perrier, de Lézan, selon d'autres, en firent la lecture à haute voix, l'entrecoupant de temps à autre des cris aussitôt répétés par la foule, vive la République, vive le suffrage universel.

lité à ses opinions ne saurait être contestée, depuis l'avènement de l'Empire tout au moins, c'est-à-dire depuis le
jour où un sacrifice de conscience eut pu servir ses intérêts. A plus forte raison donc quand il ne pouvait pas le
faire.

Agréez, etc.

---

30 novembre 1881

MONSIEUR LE RÉDACTEUR,

Pour décrire un événement, il ne suffit pas d'en relever
quelques détails ; il faut le rétablir dans son cadre, recons-
tituer son milieu, reproduire les sentiments et les idées
de l'époque où il s'est accompli.

C'est ce qui manque à vos documents, sur l'épisode de
décembre 1851, pour que ceux qui n'en furent pas les
témoins puissent en saisir le véritable caractère.

Permettez-moi de combler cette lacune et de complé-
ter le tableau. Vous comprendrez qu'après les incidents,
amenés par votre publication, je ne veuille pas laisser

---

Attiré par ces clameurs, je me rendis à l'Hôtel-de-Ville pour offrir à l'autorité municipale mon concours dans les mesures qu'elle croirait devoir prendre. J'y trouvai M. le
Maire et M. Fesquet, adjoint, occupés à se concerter, et nous fûmes unanimement d'avis
qu'il fallait sur-le-champ faire cesser un état de choses qui pourrait, si on laissait faire,
finir par prendre un caráctère sérieux.

Une réquisition à l'autorité compétente fut immédiatement dressée par M. le Maire,
qui voulut néanmoins, avant d'en faire usage, engager, par ses exhortations, la foule à
dégager la place et à cesser ses cris. Ayant vainement, par suite de l'insuffisance de son
organe, tenté de se faire entendre du haut du balcon de l'Hôtel-de-Ville, M. le Maire
descendit sur la place pour que la foule fût plus à portée de sa voix, lui adressa quelques paroles, et la somma de se retirer, la prévenant qu'à défaut par elle de ce faire vo-
lontairement, il était décidé à l'y contraindre par la force. Chacune de ses paroles fut
accueillie aux cris de vive la République, vive le suffrage universel. Quelques minutes
après que M. le Maire fut rentré dans l'Hôtel-de-Ville, les cris cessaient de se faire entendre. La foule se dissipa. Mais les plus exaltés, au nombre d'une centaine environ,
partirent deux à deux, en chantant, et firent le tour de la ville.

. . . . . . . . . . . . . . . . . . . . . . . . . . . . . . . . . . .

subsister les impressions inexactes qui peuvent rester encore.

La situation n'était pas aussi simple alors qu'elle l'a été depuis. Le débat n'existait pas seulement entre républicains et monarchistes. Il y avait, dans le parti républicain lui-même, deux courants très-prononcés, dont l'un répudiait hautement certains agissements de l'autre ; les agitations continuelles qui discréditaient la République, les sociétés secrètes qui la menaçaient d'un danger d'autant plus effrayant qu'on ne pouvait pas le mesurer. Sous le suffrage universel tout doit se passer au grand jour. Ce n'est pas d'ailleurs par les excitations passionnées, les manifestations tumultueuses, le désordre dans la rue, l'abandon du travail, l'alarme jetée dans les intérêts et les populations paisibles, qu'on fonde une démocratie. Il faut, pour cette grande œuvre, des ouvriers et des procédés dignes d'elle. La grande majorité du parti républicain, celle qui, dans l'élection présidentielle, avait voté pour Cavaignac, croyait que l'on menait ainsi la République à sa perte, et la France à l'empire. Que l'on dise, même aujourd'hui où l'impression est affaiblie par un intervalle de trente ans, si elle n'avait pas raison.

Tels furent les prodromes du coup d'État du 2 décembre. Non que je veuille dire que les fautes du parti républicain en aient été la cause. Mais elles en ont été le prétexte, la justification aux yeux d'une partie de la nation, et ont ainsi augmenté ses chances de succès.

L'insurrection qui suivit fut incontestablement, dans son ensemble, un élan patriotique. La Constitution violée était remise à la garde du pays, et l'on comprend dès lors que ceux qui se sont levés pour elle aient cru accomplir un acte légitime, un vrai et grand devoir civique.

Mais les armes n'étaient pas le seul moyen de la défendre, et il n'y a pas lieu d'y recourir tant qu'il reste d'autres recours, tant qu'un peuple souverain conserve le droit de vote. Cette doctrine, qui ralliait déjà à cette époque la majorité du parti, est aujourd'hui admise par lui,

à peu près sans exception, et *le Rappel* la professait na-
guère dans un article reproduit par votre feuille.

Or, le peuple au 2 décembre était appelé au vote. Il
pouvait pacifiquement manifester sa volonté, à laquelle
chacun eut été tenu d'obéir. Il n'y avait donc pas à user
des moyens violents. Ceux qui l'ont fait ont cédé à un
mouvement généreux, mais inconsidéré. Ou la majorité
était avec eux, et le suffrage alors devait suffire, ou elle
n'y était pas, et nul n'avait le droit d'aller au-delà de ce
qu'elle voulait.

La lutte à main armée n'a eu sa raison d'être qu'à
Paris, à l'heure de l'attentat, alors que la représentation
nationale assaillie demandait le secours du peuple pour
repousser l'usurpation. L'attentat une fois consommé,
mais le vote restant ouvert, il n'y avait plus qu'à voter,
et l'appel aux armes, à ce moment, ne pouvait aboutir
qu'à une effusion de sang et des calamités inutiles.

Ce vote, dit-on, n'eut pas été libre sous le régime de
terreur qui s'était levé sur le pays. Mais, où manque le
courage de rester fidèle à sa foi politique dans un bulle-
tin secret, pourrait-on trouver celui de sacrifier sa vie
pour elle ? Si le peuple, en effet, n'eut pas su avoir ce
courage, le mal alors était sans remède, et il n'y avait plus
qu'à attendre et à hâter, ainsi que nous l'avons fait, le
moment où il lui reviendrait. Cette terreur n'est donc pas
la vraie cause de son vote. Qu'on sache une fois envisager
la vérité, et qu'on ne fasse pas au pays cette injure. S'il
a eu peur, ce n'est que des excès dont il s'est cru menacé.
C'est là toute l'histoire des spectres de l'empire, et il est
encore des gens, prenons-y garde, qui espèrent que les
mêmes causes produiraient les mêmes effets.

Rien, assurément, ne peut justifier les rigueurs dé-
ployées. Si les moyens n'avaient été ni sensés, ni néces-
saires, l'intention du moins était bonne. Il fallait donc en
tenir compte, et renoncer à sévir ou soumettre la cause
au jugement du pays, qui aurait absous sans doute.

Mais l'action judiciaire, en elle-même, ne peut être

critiquée. Un fait s'était produit que le ministère public croyait devoir poursuivre. Ses auxiliaires étaient tenus de tous les actes de constatation dont ils étaient par lui chargés, sans avoir à apprécier le caractère du fait et ses conséquences pénales, dont les juges compétents auraient seuls à connaître. Le subalterne est couvert par l'ordre de son supérieur auquel il doit, pour les objets de son ressort, obéissance hiérarchique. Hors de là, il n'y aurait que confusion et anarchie dans le service public.

L'arbitraire a été de soustraire les prévenus à leurs juges naturels, pour les déférer à une juridiction exceptionnelle ; l'odieux, de prendre cette mesure parce qu'on craignait l'acquittement par le jury.

Mais il y aurait une suprême injustice à en étendre la responsabilité à des magistrats qui n'ont fait que remplir les devoirs obligatoires de leur charge, dans une information régulière, accomplie selon les formes et les prescriptions de la loi, qui n'était point destinée aux commissions mixtes, qui ne leur a été communiquée que par abus, et à l'insu de ces magistrats, surtout quand ceux-ci se sont attachés à ne remplir que le minimum de leur devoir le plus strict, et à atténuer le plus possible.

Ils auraient dû, prétend-on, donner leur démission. C'est facile à dire à distance. J'ai déjà exposé les considérations de principe, dans une lettre que vous n'avez pas jugé à propos de reproduire, les considérations morales et d'utilité générale qui m'ont fait, pour ma part, regarder comme un devoir de rester sur la brèche. On n'abandonne pas d'ailleurs ainsi, du jour au lendemain, un service public. Enfin le mouvement général de l'opinion n'était pas alors dans ce sens. Il faut se bien rendre compte de l'état des esprits à cette époque. Personne, en dehors de ses auteurs, n'approuvait l'insurrection et n'aurait compris ma retraite, et ceux-ci, n'ayant qu'à y perdre, auraient été les premiers à me la reprocher.

Il y a de ces nécessités qu'il faut savoir subir, surtout quand on a sa conscience, et qu'on croit avoir la vérité pour soi. — Agréez, etc.

Et maintenant, mes chers concitoyens, qu'il me soit permis de vous le dire.

Je me suis donné à vous tout entier, employant au service public le temps, les soins, les facultés que l'on consacre en général à ses affaires, faisant marcher les vôtres avant les miennes, toujours prêt, à toute heure, à rendre à tous tous les bons offices dont je me suis trouvé capable, et vous reconnaîtrez peut-être, quand je ne serai plus là, que je n'ai pas passé parmi vous sans y laisser quelques traces utiles. Je l'ai fait par dévouement à la patrie, par pure affection pour vous, et, croyez-le bien, sans avoir en vue aucun retour, n'ayant jamais rien désiré en fait de vanités humaines, n'ayant eu, quoi qu'on ait pu en dire, que l'ambition de vous servir, et de servir la grande cause de nos libertés.

Si je n'ai pas plus fait, c'est que je ne l'ai pas pu. Conduit par la force des choses à être toujours jusqu'ici dans les rangs de l'opposition, éloigné des faveurs, par suite, pour vous comme pour moi, et souvent combattu par vous-mêmes, mon pouvoir n'a pas été à l'égal de mon vouloir. Si j'eusse été secondé par vous dans tout ce que j'ai tenté pour le développement de l'instruction publique, vous auriez aujourd'hui, à la tête du parti républicain, la place due à votre glorieuse tradition, vous en seriez les guides, au lieu de marcher à la remorque de ceux qui balbutiaient à peine la langue de la liberté, alors que vos pères et les miens avaient, depuis des siècles, versé leur sang et enduré tant de persécutions pour elle.

Ma vie n'a donc été qu'une succession de sacrifices.

Eh bien ! le plus grand de tous, à mes yeux, celui qui m'a le plus coûté, je vous l'ai fait dans ces douloureuses circonstances. Je me suis résigné à être méconnu, calomnié, en butte à des animosités imméritées, quand je me vouais à vous défendre, ce qui n'était alors ni sans difficulté ni peut-être sans péril, quand je vous défendais, pour un acte que je désapprouvais au fond, jusqu'à risquer de me perdre moi-même. (1)

Ce sacrifice, je l'ai accompli sciemment, avec la conviction, ceux qui ont lu dans ma pensée sont là pour en témoigner, que les passions d'alors auraient à compter avec les générations futures qui ne les partageraient pas, comme celles d'aujourd'hui auront à compter avec l'avenir; car j'ai la foi profonde que le jour de la justice arrive tôt ou tard, et pour tout et pour tous.

En retraçant ainsi ce que je ne devrais pas vous rappeler moi-même, je semblerai peut-être manquer à la modestie. Ce n'est pourtant pas mon penchant. Mais je me suis tu, j'ai tout dévoré pendant trente ans, et il faut bien cependant que la vérité arrive enfin à la lumière.

---

(1) Que ceux qui croiraient que j'exagère se représentent ou se rappellent l'affolement qui accompagne toujours les ères de proscription, l'arrogance implacable des vainqueurs, l'abattement des vaincus, les excès de zèle, l'ardeur fiévreuse à se ranger du côté qui triomphe, à répudier tout ce qui peut rendre suspect, et ils comprendront qu'il faut quelque sang-froid et quelque courage pour lutter contre ce torrent.

Anduze. — Imprimerie A. Castagnier.

www.ingramcontent.com/pod-product-compliance
Lightning Source LLC
LaVergne TN
LVHW010108060726
842524LV00006B/2385